Primera edición febrero de 2024

© Jorge Merino Molinero
© de esta edición, Editorial Páramo
www.editorialparamo.com
editorialparamo@gmail.com / 646346731
Coordinación: Javier Campelo Bermejo
Grabado de portada: *Aquellos polvos*, Capricho 23,
Francisco de Goya. Museo Nacional del Prado

ISBN: 978-84-128128-0-0
Núm. DL: VA 46-2024
Impreso en España – Printed in Spain
Impreso en Estugraf

JORGE M. MOLINERO

Un país de sed

editorial
PÁRAMO
*
lírica

JORGE M. MOLINERO

Un país de sed

Un país de sed

A Bea, que en las orillas de su Chile ennegrece mi piel

Entró en el bar. Removía la cucharilla
con la serenidad del suicida ante el ocaso.
Zurita me dijo :tiene Chile en los ojos.
Y no hay cadáveres ni riscos pero
dicen lo contrario que su sonrisa.

No lleva la tristeza implícita el color rojo.
Ella movía la pierna
como un trompetista negro de jazz.
Siguió Zurita :me dan igual los muertos
el océano lleno de azufre la bala
de Salvador Allende las madres
sin sus hijos la sangre pintando
las calles de Santiago los piscos
no bebidos si solo había desprecio
que celebrar. El día nacional de Chile
ha de ser el día que esa mujer
mostró sus azules al mundo
por vez primera.

I PARTE:

Y ERA TU INFANCIA ROMPIÉNDOSE

1

En las noches límpidas y gelatinosas
de verano
tampoco aquí
se ven las estrellas.

2

Ningún folleto turístico recoge
las calles de mi niñez. Ni una sola

foto en Instagram de sus aceras
llenas de mierdas de perro.

Sus calles que son útero :el primer olor que
reconociste es la fritura de la fábrica
de grasas cercana. Esa asfixia

   en las tardes de agosto desangeladas.

Una mujer sacude las migas del mantel.

Lo más parecido a la nieve que tus ojos
ingenuos conocieron. Pronto

 el deshielo.

Anegados de Pacífico quisiste huir mas
los mapas son laberinto.

En las noches de indigencia
cuando añoro el útero y la seguridad
de su arrope regreso
a casa de mi madre. Ella me recibió
por primera vez con las piernas abiertas.

Al nacer me dijo :eres débil
acostúmbrate a la lágrima :dependerás siempre
de las manos de una mujer como sostén.

Estas calles
en las que me vuelvo niño
son engullidas
por un asfalto nuevo.

Carecen de olor.

Pero cada esquina
tiene complejo de reino.

Y se niegan a reconocer
sus límites.

5

Y no se saciarán
hasta hacer linde
con el mar.

6

Idealizar
los soportales donde jugué
a descortezar un balón: como

si las fechas allí no sucedieran :como

si la soledad pasara de largo

7

Fortificadas por iglesias
no encontré rastro
de una sola huella
de Dios.

8

La estridencia en estas calles
refuerza el silencio del Pacífico.

Ya no encuentro jeringuillas :murieron

todos los niños que soñaban
con volar. Nosotros corrimos

en círculos creyendo derrotar
al Minotauro. Candorosos

nos dejamos cortar el hilo.

Nuestra única esperanza fue
devenir en azules
cualquier tonalidad del luto.

Y era
romperme la cara: desfigurarme
el rostro
con esquirlas candentes :imitar
a un poeta y su grito de auxilio
con la pataleta de mi insignificancia.

Abrazo el lugar común de la nostalgia
emulando el canto primitivo
de una especie extinta.

Solo conseguí
forjar un cobarde.

Son romas mis manos
cuando se cierran en puño.

Cuando intentan la caricia.

Cuenta mi sombra historias
de luces apagadas.

Después del espectáculo de fuego
vendrá la ceniza.

Todo este paisaje
esta orografía roída por la voracidad
del sueño será sepultada.

Cadáveres de especies finitas
se pudrirán como abono
de árboles nuevos.

Llegarán sus raíces hasta el mar.
Dentro de cien otoños
contaremos cuentitos de azufre.

Toda historia acaba
con unas manos cerrando el álbum
que guarda las fotos de cuando niño.

Nadie vio a Dios
un domingo por la tarde.

ENTONCES MI PADRE
UN BARRIO DE CENIZA

     y me ha cogido el arco
de mirar la sangría que en mis manos
deja papá hueco papá mano en el pecho.

6 a.m Zurita destornillador abre
el nicho del viejo y me dice :¿ves?

     era todo mentira :como las figuras
de lava   moldes de yeso   ausencia
de ceniza. Y el parkinson derrama
el último trago de pisco sobre
la urna vacía y bebemos y brindamos y

          mis ojos se abren a una luz
violeta

     como el amanecer falso de Pompeya.

BOQUEABA UN ABSURDO DE LAVA

El tedio crea una capa de ceniza
sobre el amanecer :tibio como la poesía
del hueso que niega al perro.

De cómo vino la lengua
de fuego
hablaron demasiadas voces
y tantas mentiras
como silencios a las cenizas.

Diré que me quedé dormido
con la pavesa de un cigarro
candente como el deseo inconcluso.

Que no era un poema :la lista de la compra.
Que hago un gurruño :quién necesita comer
cuando el mundo se está consumiendo.

Que se consume en ceniza :pero antes el fuego

del colchón ardiendo :mi padre que siempre fue agua.

Todos los poemas de un libro en construcción prenden
:desconocen la furia del volcán.

Llegará una lluvia de ascuas. Es un espectáculo

maravilloso.

Dicen que
si sueñas que alguien
muere
lo que haces es
alargarle la vida.

   Hoy soñé
que a mi padre
le daba un infarto
y quedaba en el suelo
   inerte
con las manos inútiles
de mi madre
en su pecho.

Este sueño
llega seis meses tarde.

Apenas nada que hacer excepto
esperar
que la lluvia ácida moje las sábanas
que un gorrión nos revele algún Dios
el primer verso de la miga y la chicha
un mensaje sin el odio de las cifras
que se torne grasa el músculo
que el miedo sea un diente a punto de caer
        :al hervor que cuaje la leche

    :esperar
en el paisaje caótico dibujado por un niño
a que alguien
  nos diga que nos quiere

    :esperar
a que pase la noche
sin más daño que la ojera.

                    Beber de las aguas residuales
                comer las migajas que la vida esparce.
                        Hablo

                    de la sed   del hambre.

                De la terrible búsqueda
                    de alimento.

La náusea amarga
el fruto de tu boca. Parte
tu corazón en mil esquirlas.
Y yo me siento inútil
como un reloj en vacaciones.
Mis manos de nada sirven
en la distancia si acarician aire y no
las tuyas que siempre me sostuvieron. Era mentira   me dijo
un día Zurita :los cuerpos yacentes
de Pompeya solo son moldes de yeso.

Así el poeta :un sucedáneo de superhombre. Un vaso lleno
de colillas al terminar la fiesta.

    Y de nuevo la náusea. Y se me hace
bola tu ausencia. Y me duele tu dolor.

Una plaga
por cada padre muerto.

Que vuestro Dios exista y
sea tan cruel
como el insomnio de una piedra
abandonada en el desierto.

Maldita crisálida que
con su soberbia aniquiló
la belleza rugosa
del gusano.

La amabilidad de la seda
es una trampa de los Dioses para
arrasar la fiebre que
nos trajo tu huida.

En todas las salas de espera de hospital
hay alguien con una guadaña.

Es la única que sonríe   que no

busca en el móvil una foto
que lo abrigue. Suele
llevar una libreta donde escribe
un último poema dedicado
a quien nunca lo podrá leer.

En todas las salas de espera de hospital
hay alguien que ya va de luto
por aprovechar el tiempo y

acercarse al ultramarinos
a por pan tostado y palta mientras
los demás deciden
qué hacer con la muerte nueva.

La muerte siempre es nueva.
Es virgen y último beso a la vez.

En todas las salas de espera de hospital
hay alguien que se niega
a esconder la guadaña.

A mostrar sus lágrimas.

Se me queda pequeño
el Estadio Azteca
para tanta ausencia
que nos dejas.

Relleno un boleto
   :los números   :fecha
del adiós
edad
   y otro al azar
del Diosito cruel
pues nunca te pregunté
tu favorito.

Como si tu marcha
fuese una clave :como
si la muerte

me debiera algo.

Porque tu adiós así que pareció huida
porque te escribo y vives en el poema
porque heredé tu pragmatismo :NO

   preocuparse por la incertidumbre
no pensar en lo que no tiene remedio.

O porque chilena me sostiene
me abriga y se desnuda :porque

me ha enseñado a llorar
cuando la muestro mis fantasmas.

Porque no acepto que este domingo
no estés en el cumpleaños de tu nieta.

Porque no has venido en sueños :estoy

aquí :es injusto que cargues toda la pena y
la rabia en mamá y mis hermanas. Ven

enséñame a pintar un palomar herrumbroso
de la vieja Castilla. Tomemos un Cigales y
déjame presumir por última vez ser
el hijo del rey de La Rondilla. Permite que

pague esta vez.

A pocos días de tu muerte
buscando en tus pantalones la tarjeta
de suscripción a El País encontré dinero y
se lo di a mamá. ¿Cómo se te ocurre bajar
sin monedas para Caronte? Espero que

te haya fiado: guardo en los bolsillos
unas de más para cuando también
                   yo me vaya.

Pero antes tienes que venir a verme y
que se haga latente el dolor. No dejes todo
en las espaldas de mamá y mis hermanas.

No lo llevó escondido
en el culo
para protegerlo
de los enemigos de guerra: tampoco

se paró
a la vez que su pulso.

Es un Casio normal que
me queda algo grande. Pero

me da la hora: me enseña que
el tiempo de ceniza sigue   con sus miserias y
sus grandezas. Que hay muchos que me aman
y muchos a quien amar.

No me hace falta
para recordar a mi padre. Aunque

me hace sentir un príncipe ahora que
se me queda pequeño el Estadio Azteca
para tanta ausencia que nos dejó.

Intento sacudirme
el muerto y escribir
un poema sin el rostro
con el color de la cera.
Volver a contar que
sus azules son el sosiego
de mis fracasos. Contar

   sus pecas y empezar de nuevo
si me equivoca algún lunar.

Sacudirme el muerto de encima y
los gritos de Zurita   :weon culiao

solo tienes uno   qué hay de mis cientos   :conchetumare.

Y este rumor que viene
con el estruendo de palomas no me trae
un poema de azúcar   :y tanta copla

a la muerte de mi padre asolando.

                Añoro el tiempo en que era fácil
                   poner en el poema :te quiero. Ahora
                    los lobos al acecho
                 de cada rendija donde colar
                 sus colmillos. Esos de muerte que antes

                 de pasión enfebrecida.

Los viernes como en casa Rosa

 y después del cocido
sobremesa e intento de siesta me ducho

se acabó el desodorante del muerto y mamá
me ha comprado uno de esos que anuncian
en la tele :*Axe anarchy for her*. Y
me rocío el spray rosa porque el muerto
me enseñó que la hombría es saber decir :te
quiero y llorar sin vergüenza y regar los afectos

                                    ahora
                    no huelo a macho macho   no voy
                    hacia atrás en un caballo   huelo a
                                marica   huelo

a Marta y sus alitas pegamento de los vivos
a Eva blanda como una roca y dura como una medusa
a Patri y los 300 guerreros de su pecho
a Virgi con la espuma clandestina de su risa
a Andrea y la soberbia inocente de sus 18

   Axe anarchy for her
de qué sirve un macho si no huele

a Rosa y su paciencia y su todo para los demás
a Aitana que es ruido beso y cielo
a Julieta guepardo arisca y vida
a Sara con sus manos modelando el juego
a Elsa con los ojos gigantes para guardar aortas y corazones de
                                    recambio]

perfumado con su anarquía
con una parte de su mundo creándome mejor

for her huelo
al libro que el muerto regaló a chilena y allí
soy macho   tan macho que me siento
libre de llorar al muerto.

Acaba de visitarme :nos abrazábamos y
nos besábamos. Ahora

   no me deja dormir
saber que
aunque los hubo

      y muchos

no fueron suficientes.
Y esta lágrima

   y esta casi primera vez

de extrañarte tanto.

Cómo sofocar un incendio si
la pavesa en el trigo prendió
hace demasiado tiempo. Cómo
si el viento nos saca
tres cuerpos de ventaja.

Cómo salvar la casa y no quemar el bosque.
Cómo
si azuzan el fuego el miedo y la ignorancia
de quienes deben apagarlo.

Cómo si no esperar
una tormenta que moje la hierba. Y

   esperar que no traiga un rayo que
abrase el árbol herido y calcine
los cimientos de la casa. Cómo

   ayudar a un niño
sin sentir la asfixia.

Dolor era   una palabra extraña
oculta por la ceniza
     roñosa   escuchada en bocas sin dientes

era una época de panteones vacíos

  mirábamos el cielo sin rogar más que un poco de lluvia
que humedeciese las calles de la infancia en las tardes inanes de
                                        agosto.]

Nada sabíamos de la ceniza

                    hasta que
papá volcán
                corazón de lava

nos despertó de la siesta   :maldigo el 2 de agosto

padre Vesubio   :cataclismo de silencio   :su boca

 y un manto corto que dejó los pies fríos para siempre.

En la casa del poeta trágico es comido por el óxido
un cartel: *cave canem*   ningún aviso
sobre los fantasmas que habrían de llegar
tras la eclosión de esquirlas y empellones inútiles
en el pecho del muerto.

El despertar del volcán nos sumió a todos en el más profundo

               de los sueños.

Morderte la mano
buscando la reacción innata del daño.
Hacerte títere   impostar tu voz

diciendo :hijo   déjame dormir   luego jugaremos.

El volcán era un enfermo que sonreía a 482 grados
para evitar la preocupación   :esta vez Saturno

engulló su dolor para salvar a sus hijas.

Tanto pospuso el final que
recibió templada ya la lengua de fuego.

                          Por eso fue tan rápido
                          de ahí la ausencia de esqueleto

                          súbitas llegaron
                          la tristeza y la rabia.

Alguien debe contarte como Plinio el joven
cantó el último día de Pompeya.

Padre :no soy digno.   Dime cómo hacerlo

si me has llenado los dedos con tu ceniza.

Si ya no te recuerdo reinando en las calles infancia.
Si están asoladas.

Si solo evoco la mirilla de la incineradora
para comprobar que sí eras tú
quien iba camino de ceniza.

Nadie supo explicar el porqué
todo se hizo polvo excepto tus ropajes
que con tanto mimo
elegimos para tu adiós.

Era mentira   me dijo
un día Zurita :los cuerpos yacentes
de Pompeya solo son moldes de yeso.

                              La única mentira
                        que deseo es que
                    esta apnea de ceniza
                sea una estúpida pesadilla.

Y eran eso   :moldes de yeso
ni una pizca de ADN
con el que desentrañar el verso   :la arrogancia de la ciencia.

La postura en que murieron
era de defensa
de protección   un último gesto de amor.

Quisiera contarte antes del volcán.

Aún duele a mamá el brazo
de tanto contener la erupción.

Sueña que de tu boca
no hacían más que salir ríos de ceniza.

las doncellas en un abrazo postrero
se abren las mandíbulas
se llenan de ceniza
se juran eterno el amor
se royen los labios
hacen música de la cicatriz
hienden sus pechos en busca de Dioses
rezan al miedo y a la lujuria
fantasean con la solidez de la piedra
cuidan del agua que anega las bocas
son dos muertes en rebelión a la tragedia
no hay mejor lugar para maldecir la suerte

    después del yeso
las nombraron con la verdad

    :**los amantes**.

AMANECE EN POMPEYA :CAE LA NOCHE EN TU CHILE II

el anciano mendigo y unas monedas
guardadas con rencor

sus manos tendidas a la ceniza
carentes de miedo

su boca condenada al lamento
el silencio impuesto en el recreo de los niños

las piernas entumecidas por el trabajo de la lástima

los invisibles tuvieron después su medalla de yeso

   cuando ya nadie miraba más
que la batalla del fuego
y su victoria de ceniza.

el bebé llora el hambre
en los pechos de ceniza de la madre

grita al hueco donde bailan los ratones
con su música de ceniza

él no entiende de ceniza   él
que nació tras el fuego.

el boxeador esquiva el fuego pero
cae a la lona de ceniza

sabemos que es falso :un reflejo primario
de sus brazos   :todos

los levantan cuando saben el final

pero nos gusta militarizar la muerte

tan escasos de héroes
creamos luchadores
en los cristales de la lágrima

denostamos la dureza del hueso
para levantar monumentos a los tendones

crecía más el temor
en sus puños cerrados que
dentro de los ojos vacíos del bebé.

el onanista tiene un hijo
cada vez que entristece la mano

un hilo de baba y semen puebla de muerte el dormitorio

el peso de la ceniza en los brazos
humilla tu historia

no habla la soledad de trayectos cortos
sino de infiernos sepultados
por las raíces de la pérdida

que el yeso no manche tu honra que
tu muerte abandere nuestra vergüenza.

el esclavo prisionero   :alma de pájaro
sin agua ni ventanas

predice la ceniza sin atisbar el fuego

juegan a los dados la argolla y la estría

el dulce calostro de la llaga
de una vida de bruma y candado

su final es una venganza y como tal
lo celebra con un trago de ceniza

  no teme la soledad del muerto
      :hace tiempo que se convirtió en pájaro.

los gladiadores no tienen ya a quién divertir

ungen el músculo con ceniza en vez de aceites

los héroes que no supieron salvarnos

como tal fueron tratados :actuaron igual que los Dioses

el molde a destiempo de una romana rica que
buscaba aliviar el ego y el deseo

mitos con pies de ceniza
inútiles fuera de la arena

un llanto inerme de sus encías
ahogado de ceniza

el fuego bruñía sus espadas
sin filo ahora bajo las cenizas

levanto aquí un pedestal de yeso
para mi padre muerto.

el perro atado no tiene consciencia de perro

se deshace en ceniza con su ladrido de fiebre

dejadme creer que reniega
de la bondad fiel al humano que lo amordaza

dejadme creer que fue la chispa del fuego

   que olía el culo del hueso
y meaba en cada esquina
de un renacido paraíso de ceniza   :*cave canem.*

el mulero acuclillado aguarda
la última frase para cerrar el poema

el nadie   lo más bajo de la sociedad
                    el poeta que
aprovecha el dolor para sentirse algo más que el perro

él   :nadie   se ovilla como la flor salvaje
que engulle el insecto   y hace alimento
del aguijón   :desdeña la carne

él   :que no sabe llorar a su padre
lo muestra incólume
    :recrea su nombre
con la ceniza humedecida por la sangre

el que pierde su vida para contarte
el que bebe vino y vomita vinagre

el incapaz   :el de ceniza sus labios
que fingen besar cuando la baba es de desprecio

  el que añora y solo sabe de eso

el que hurga en las cenizas de su padre
para huir del brazo cansado de mamá

  el poeta   :que quiso escribir cielo
y solo le salía muerte

    :yo   :nadie   :sin nombre oculto en el granero.

AMANECE EN POMPEYA :CAE LA NOCHE EN TU CHILE X

el cráneo de Herculano sin el daño de la ceniza
perfecta armadura del rostro :intacto

la estructura y la simetría llaman a la belleza

es una mujer joven :**Belladonna**

el placer cercenado por la tragedia

      pero el hombre necesita contar
más allá del hueso
  :el pulso entre la ciencia y los Dioses :el juego
del poeta Nadie a describir hermosa la decadencia de una
                              civilización]

escanear la historia
copiar :crear una mentira :encerrar el pasado en un molde exacto

saturar de alfileres la copia   hacer palpable la magia de la imagen

colocar los ojos en las órbitas   desarrollar
con plastilina la nariz   la boca   las orejas

reconstruir con capas de músculo y tejido suave su rostro
  :hacer bella la mentira   con el material tangible del progreso

            y puestos a jugar
            a ser Dios
            diré
            que en la tragedia
            de ceniza

el mulero :el poeta
escribía
solo para ella

:después del fuego
era obligación
contar
el fulgor de sus azules.

Entonces me dijo Zurita :raro es
este Chile tuyo que no prohíbe
los poemas de amor
por enaltecimiento
del terrorismo.

II PARTE:

ANATOMÍA DE UN CRÁNEO

Fueron de una gran ayuda tus ojos.
Ya no sabía cómo definir el mar.

Francisco José Romero

Tembló un país. Se agrietaban
los límites de La Rondilla. Vi

tu Chile hacerse falla   :res
que
    brajan   do   se

al chocar nuestros labios. Y

escuché el mar. Dudé si era mujer

o caracola. Me trajo Pacífico
  me ahogó Pacífico   :me hizo
naúfrago su boca su sexo de océano caracola.

Ahora somos una misma costa
  hay veces que playa   otras riscos
acantilados las más :manoseo de nuevo

el abismo en su cuerpo escarpado.

Vienen a morir los delfines que
ennegrecieron su piel. Los acogemos

   a manos llenas en la distancia agria
de los días laborables. Y luego

de su carne comemos   :aprendimos

el idioma extraño en sus hocicos. Tembló

tu país   tu Chile   mi Rondilla. Así
viejo Zurita asesinamos

todos tus muertos de nuevo :recuerdo
cada rostro pero los nombres   man

  los nombres serán el sudor el gemido
el silencio la rabia los cascotes el hedor

a guerra que deja el dictador cuando
descubre que jamás invadirá

este país   este poema   este temblor que

se escapa de las manos a todo aquel que
se cree Dios.

Entró en el bar. Removía la cucharilla
con la serenidad del suicida ante el ocaso. Vi
que tenía todo Chile en sus ojos.
Hacía tintinear la cucharilla y a cada tin tin decía :otro chileno
muerto. Raúl   hay muertos en todas partes pero no escuchaba
   :tenía todo Chile en sus ojos.
Y sorbía el café aunque ya no quemaba y creaba olas
del Pacífico al levantar la cucharilla antes de chuparla. Y dije
Bolaño Murieta y dije Yañez Zurita Olga Manzano Mistral
pero no escuchaba con tanto Chile que le hacía llorar los ojos.
Raúl   por qué los muertos   yo solo necesito ya un rallador. No
contestaba por consolar un cadáver salido del sobrecito de azúcar.
Y dije Parra Hahn Gricelda Lihn   llevo tres años con Zurita y no
lo quiero acabar y comenzó a desmembrar el muerto del azúcar y
tin tin tin salían muertos a miles del café y de esos ojos llenos de
Chile a la larga con todos sus pueblos oliendo a café.

Y le iba a pedir que me firmase el libro blanco cuando de un trago
se bebió el café y me dijo :para qué quiere un hombre un rallador.
Para el jengibre   :respondí. Y sonrió y descubrí más muertos
en sus encías en sus dientes en su lengua y puso la mano en mi
hombro :quién eres chileno que estás muerto y no puedo hablar
contigo: qué hombre vivo

          puede necesitar un rallador.

Vi una luz —creí que
podía salvarme—. Corrí
con la desesperación de
un niño perdido hacia ella y al llegar
descubrí que no me hacía
falta   que no quería su luz.
Me senté a fumar y ver
las barquitas de quienes
pescaban de estraperlo
con la oscuridad como cómplice.
No necesitaba
luz alguna. Pero no pude evitar
enamorarme del faro.

Imaginarla
desnuda y
quedar
paralizado
como un niño
ante la obscuridad.
Como un viejo
junto al mar
por primera vez.
Como un hombre
frente a unos ojos que
no entraban
en sus planes.
Como ver
un brazo solo
   extraviado de su hombro
flotando
en el Pacífico

   :acabó Zurita.

El mundo se resquebraja
nosotros en una isla
   ajenos
a los derrumbes.
Incluso los propios
pierden sentido
si me lees a Zurita
   :si escribo
versos nuevos
al acariciar tus piernas.
El mundo
    qué palabra
           tan lejana
para dos niños
que juegan
a descubrir
el universo.

Se cree que soy
un pipiolo enamoradizo
cegado por los placeres
nuevos. Que
solo veo sus cosas buenas   que
son mis ojos los que distorsionan
la realidad y obvio
los defectos. Pero es que son esos

los que le hacen tan bella.

Ratificar la certeza
de la no herida.
Saber que las playas
del Pacífico
son mi nuevo hogar.

Quisiera amarte de otra manera
sin tener que dejar la piel en cada beso
amar como un gato callejero
un amor aséptico: de médico
 :de funcionario. Sentir el deseo
como una regla más del juego
amarte con un olvido de cunetas
cada vez que sales de mi cama
un amor de asilo :como de quien nada espera.

Ojalá supiera amar de otra manera
no sentir que daría la vida
por una hora más contigo
no saberme vasallo de la tiranía de tus labios
amarte sin el temblor en las piernas
del primer beso cada vez que te veo
sin este dolor de estómago cuando ríes
   :cumplir el trato de no enamorarnos.

Ojalá supiera amarte de otra manera
de la forma en que lo hago.

> Puedo pasarme horas
> acariciando su espalda. Mientras
>
> invento para nombrarla
> palabras desconocidas
> por el hombre. Por ejemplo :Casa.

No tenéis
ni puta idea :la belleza
no es una carnicería.
Desnudos todos perdemos
pliegue por pliegue ningún cuero
se sostiene. Pero

Ella tiene en las manos
una capilla sixtina. Y aún más
 :nada de lo que ha construido el hombre
se acerca al color de sus ojos.

Podría seguir pero no lo merecéis :no
tenéis ni puta idea de lo que es
la belleza si no ha susurrado
tu nombre mientras te acariciaba
con Dios entre los dedos.

Leo en tus labios
un idioma tan bello
:como de pájaros.

Esta mañana volvió Zurita al café. Andrajoso rasguñado
:el Parkinson nutría sus manos: tin tin tin tin la
cucharilla en el café tin tin tin suenan a muerto
las campanas tin tin tin :has elegido una mina rica con Chile
en los ojos azul Pacífico cadáveres de cebo para los delfines que
se ennegrecen al morir. Este país tiene demasiados riscos   así
de imprevisible la mujer que te abraza y al segundo te aparta
el brazo. Le dije :leo en sus labios un idioma tan bello
                    :como de pájaros.

Contestó :siempre se me cae el castillo al colocar el último naipe.
Pero has hecho hogar de sus labios :harás
pie en sus océanos :he visto cómo te mira. Tiene un salvavidas
debajo del vestidito azul de estrellas. Esas que iluminan
tus noches :esas que te guían por su garganta quebrada
    :esas que no quisieron tintar su piel

con más pecas para el deseo.

Del sexo esterilizado,
del amor aséptico :reniego.
Y de la muerte en hospitales
y de las bandejas de plástico
y de los hombres en bermudas
y del olor a sin estrenar
y del refresco sin alcohol
y del amor con Dios velando
y de las camisas blancas
y de los coños sin vello
y de las manos del niño sin pintura
y de las toallitas en la mesilla
y de las sábanas sin arrugas
y de las mujeres sin arrugas
y de las mujeres sin pasado
y de los culos sin estrías
y de los colores vivos de los supermercados
y de las manos que se estrechan blandas
y de las casas sin libros
y de los poetas de la poesía.

Del sexo esterilizado,
del amor aséptico.

De todo ello :reniego.

Jamás probé la palta
fuera de tu sexo que es
untuoso manjar si allí mi lengua.
Poco que ofrecerte :mi casa es vieja
y pequeña para hacer unos malones
con la cerveza que gané.
Pero en mi cama
siempre es la hora de la once y nosotros
el único plato del menú.

Era costumbre ahijar perros
abandonados allá de donde vienen
tus ojos. Y ahora que me das tu cielo
vivimos dentro del libro blanco de Zurita

  :escribimos con esencia de nubes
palabras ciegas y gemidos sordos
cuando como la palta que reservas
para mí.

                    He leído sobre sacrificios humanos
                       de civilizaciones perdidas
                    mucho más sutiles que cuando ella
                    me guiña un ojo y me llama :pequeño.

¿Me dirás su nombre   lo gritarás?

¿Es necesario   Zurita?

A mí me apacigua nombrar a los muertos.

Pero ella tiene las manos abiertas
  :Darío Manuel Jesús Ariadna cayeron
al Pacífico ya cadáveres no
escucharon sus huesos romperse.

Pero ella es
tesoro y mapa cofre y llave   qué
importa su nombre.

Porque   man   tú no sabes que

porque tú nada sabes   man
grita su nombre tan dulce
en tus labios y sea salvavidas
de los ahogados cicatriz
en los canales bálsamo en la piel
cuarteada   di man   :su nombre.

No Zurita :no recuerdo ahora que
después de hacer el amor
nos decimos nombres ridículos
  :su nombre a nadie ha de salvar
lo siento Zurita
en otro poema Chile recordará
a sus muertos en este
de mi cama
        no escapará su nombre.

Pero Zurita por qué ese

   temblor   si en Chile ya
muere la primavera   si el sudor
galvaniza la piel de las minas.

Tiemblas   como si siempre
estuvieses saliendo del océano y
nada te arropara   :ni rizo

   ni abrazo.   Por qué los poetas
seguís durmiendo donde rompen
las olas de un mar negro
  negro y rojo   cada vez más rojo

   :más negra la esperanza.

Tiemblas Zurita tiemblas
y la cucharilla tin tin tin tin
llama a orden a los fantasmas.

Tiemblas Zurita   y ahora yo

qué hago con tanto azul
con las aguas cálidas del amor
con un horizonte donde ella se pone.

Qué hago Zurita hoy que descubro
   que no soy poeta
por conseguir escapar del negro

  :porque elegí sus ojos
   y los delfines huyeron.

Porque la muerte la sigo viendo de otros.

Tiemblas Zurita tiemblas   y
Chile afronta un nuevo terremoto   y

   no permitiré que seamos escombro.

                    Hago acopio en los desastres
                para intentar escribir algo decente
                  cuando me da por ser feliz.

¿Qué mierda es esta   man?

No se puede reconstruir un país
desde algo tan débil como el amor.

¿Qué mierda es esta   man?

Qué importancia tiene
si síndrome de Stendhal
de Estocolmo cuando no quieres
que esa belleza te devuelva el corazón.

Y mientras me lo recita convulso

   llora y tiembla Chile y

me besa Zurita :nada tan débil
como el amor   man   pero

  quién quiere la fortaleza del odio

si todas las aves migran a tu cielo
para cantar el himno quedo
de su mirar azul.

                    No regales tu odio al odio.
                         Baila.   Ama.
                    Ama todo lo que puedas.

                    Solo así no te convertirás
                      en alguien como ellos.

Roto
    el collar
abalorios perdidos
por el piso   —qué sabemos
de las lágrimas
    aparte
de su sal—

Háblame de ese país
    —te pido—
del que robaste
 parte de su mar

   :enséñame a acariciarte
 sin romperte
en los acantilados.   En este

 juego Zurita no entiende
por qué me obsesioné
en hacerme con un rallador
   si te como
     a dentelladas.

El hombre   me dice Zurita
debe contradecir al poeta
  :si no   de qué sirve la vida.

No es tan abisal como piensas
el Pacífico fuera del papel.

Agarra esos azules   man   :serán

 tu único premio.

Me llama man. Creo que Zurita
no recuerda mi nombre.

                    Hoy
            que me llevas de la mano
                    veo
            mis primeros cuarenta años
                simplemente
             como un ejercicio

             de supervivencia.

Daría
   un beso en la boca a todos aquellos

  :que no te supieron amar :que
te trataron mal :que
no quisieron ir más allá. Un beso
a los hombres buenos que no
se atrevieron a preguntar tu nombre.

En la boca a quienes no fueron
capaces de darte placer   :que
fueron cegados por el brillo
de oropeles sin valor   :que
de algún modo te dejaron escapar.

Un beso en la boca por cada

   lágrima que te hicieron derramar

por su estupidez   cobardía
   torpeza   :por todo aquello

que desbrozó el camino para que hoy
estés junto a mí.

               Ella parecía inalcanzable: tenía
                   la piel utópica.

Ayudo a Zurita a recoger
los aguacates caídos por el Parkinson.
Intento salvar los menos dañados. Y

dice :man   la fruta rota es el 73 :la muerte
golpeando los ojos del joven.

Pero Zurita :yo pienso en la palta
    chilena   piernas abiertas   y
solo veo vida :nunca nicho
nunca búnker   :nunca mármol.

Veo :cobijo   veo :abrigo   veo :asilo.

Veo :ventanas abiertas   Pacífico
    en calma. Y al viejo
le regresa lágrima   temblor :siempre

es el 73 cuando salgo de la frutería.

Y a molinero le invade
toda una muerte
    de grosellas mientras Billie Holiday
canta a unas frutas extrañas.

De tan claros tus ojos que guardan
un país meridional dentro de sus iris.
De tan claros   decía
que son incapaces de esconder
la belleza de tus miedos

De tus ojos   quería decir
me he enamorado.

Mi dios es una bisagra de óxido.
Mi dios es-cupe en tu cáliz.
Mi dios es-pera en la esquina del 73.
Mi dios es-talla en ira si no ve a chilena.
Mi dios es-otéricamente un dios.
Mi dios es-pabila y destruye al hombre.
Mi dios es un cervatillo herido.
Mi dios es-cucha voces y siempre solo.
Mi dios es-pina dorsal.
Mi dios es-tanco ganas de humo.
Mi dios es-a manera de besar.
Mi dios es-tufa para los pies del peregrino.
Mi dios es una botella vacía.
Mi dios es mujer.
Mi dios es-teta cincela chilena.
Mi dios es-céptico no se cree su obra.
Mi dios es-cisión de almas perdidas.
Mi dios es-toico ante la derrota de la U.
Mi dios es-catológico mierda pinchada en un palo.
Mi dios es gol en último minuto.
Mi dios es chilena dormida.
Mi dios es el temblor de Zurita.
Mi dios es-tereotipo paragüera bonita.
Mi dios es-purio hijo paloma.
Mi dios es-pecula con el ibi sin pagar.
Mi dios es-pasmo cuando se corre.

Mi dios es-cribe te quiero en un whatsapp.
Mi dios es-conde su mortalidad

   en las manos de chilena.

Porque no quiero crear nada
con las ruinas añejas de las decepciones

no levantaré un imperio.

Engendraré uno nuevo
cada vez que me beses.

Pues tú eres la piedra y la argamasa.
He perdido
    los planos de la demolición   :hoy

calculo la altura
del edificio más alto que construiré.

Rasga las nubes   se pierde a la vista
de los mortales con ceguera
  :como tú cuando me dices te quiero.

Como tú cuando te desnudas para mí.

                    Y que toda la gama de azules
                    se resume en los iris de tus ojos.
                    Descubrir desde ellos
                    líneas ocultas en los mapas.

Guardo mi niñez
en un cajón
de la cocina
de mi abuela.

Me fascinaba
aquella mezcla de olores
a laurel y mortero :a
madera vieja   a pimentón.

Tu olor
   es muy distinto pero
cuando abres
las piernas para mí
siento la misma sensación

   :a refugio   a hogar.

Mira man   no entiendo tu fascinación por el vuelo
           de los pájaros si te tocó la polla*
              al anclarte a esos azules.

          Ellos vuelan buscando un nido :Ella

              te ofrece en su boca
          las ramas para construir un hogar.

          Quien dice hogar dice imperio :me dijo
                    Zurita.

          *Polla: lotería nacional de Chile.

81

Intento escribir poemas sobre la piel rugosa de un rinoceronte
como la piedra para los primeros pobladores. La tinta es pigmento
de sangre. Mas no consigo nada
aparte de hebras mal trenzadas.
Casi imposible el poema
si los ojos enamorados
no pueden salir de las fronteras
de ese país que abrigan sus azules.
Por eso me dice Zurita :deja escapar el poema como cometa
a merced del viento de Poniente. En su vientre en sus pechos
en sus nalgas   traza mapas. Laberintos que jamás
imaginaron otros hombres.
A toda patria le quedan
mil espacios por descubrir. Y
qué decir si tiene el Pacífico en su iris
y todo Chile en sus ojos.

Zurita era de pocas palabras :las agotaba en sus cuadernos
en los riscos   en las estelas de los aviones en los peces agónicos
del Pacífico. De repente nos pusimos a llorar :era el ruido
de los verbos

no dichos.
Es que tengo todo Chile en los ojos se justificó.
A mí se me ha metido una mujer :pues no hay lágrimas
suficientes para sacarse un universo de los ojos. Y levantó
el vaso. Y brindamos. Y bebimos.

Un río
no busca el mar   tampoco
piensa en el regreso
a las montañas.
Camina   :observa el paisaje.

Otro río
se acerca dulce y sosegado.
Confluyen
no buscan el mar   tampoco
piensan en el regreso
a las montañas.

A veces su agua está
fría :otras tibia   y acogen
pececillos   insectos y ramas
caídas de los árboles que mojan
sus pies en la orilla.

No buscan el mar.
Solo desean que el hombre
no coloque una presa
en medio del viaje.

Nadie me avisó que tras sus ojos
venía una manada de bisontes sedientos.

Ya es tarde. Para vosotros
todas las paralelas que van de la mano
al infinito sin rozarse. No quiero nada
en mi vida que no conserve un alto
riesgo de colisión. Aunque sea yo

lo que salte en pedazos por apostar
todo el calor a unos fuegos artificiales.

       Debe de haber un lugar equidistante entre la flor
          alojada en el poema y su perfume verdadero.

          Sé que el poeta jamás ha de encontrarlo
       pero discúlpame si alguna vez pretendo ser la raíz.

          O peor aún   la tierra que le da sustento.

Este frío de tuétano y
caries
   de estruendo y óxido
gobernando las sábanas.
Frío
de diario y rutina
     de puertas cerradas y aroma
a fritos en el patio.

Crujir de hojas y rodillas
frío de bufandas y ausencia.

Solo me salva
el hemisferio sur de tu cuerpo :Chile

arde mientras nosotros
pensamos hacer la revolución
retando a este frío atroz
desnudándonos.

This time the girl is gonna stay.

Elvis canta el himno
de los vencedores cuando
vienes a casa y conviertes en trópico
este otoño gris.

                   Esa costumbre
            de odiar el calendario
                si hoy no te veo.

Pegas con el Pacífico de tu sexo
los trozos de mi bien más preciado y
sonríes creyendo que no me di cuenta
del estropicio que creaste.

Todo se olvida si desnudos.

Pero al marcharte de mi casa
mi corazón no se sostiene. Por todas
las grietas se escapa la sangre arcillosa.

Solo al regresar
solo al desnudarte
    se recompone pues tus besos
son engrudo de estaño y diamante.

Y sonríes con la maldad
del labio mordido y piensas que
no me di cuenta del desastre.

Todo se olvida si desnudos.

Y volverás a marcharte de mi casa.
Y el piso lleno de sangre. Maldita
    hemorragia la de tus ausencias.

De ella
  me fascina cómo

si he recorrido
cada centímetro de su espalda y

ni rastro de alas.

Hoy volvió Zurita. Había pasado
mucho tiempo   :estuvo haciendo piruetas
en la vieja avioneta del Parkinson.
Le hice el desayuno   :el café
con cúrcuma   pimienta y canela servido
en una taza donde pone: Te Quiero y
dibujado un corazón.
Tin tin tin la cucharilla. Tin tin tin
removía el Pacífico lentamente.
No me dijo nada. ¿En quién pensaba?
Tin tin tin el vapor del café ardiendo
se escapaba con forma de mujer.
Te quiero. Supongo que leyó
de nuevo la taza. Pero su sonrisa
era azul y yo me sonrojé.
Te quiero   :contesté mirando la taza
por no sentirle incómodo.
Lo llevé a la estación. Me dio la mano :eres
un tipo con suerte. Ojalá
nunca se rompa la taza.
Y demasiada cúrcuma   man. No
hace falta especiar el amor. Gracias
por el café.
A la gente que se quiere   contesté
no se le da las gracias. Eso decía
mi abuela. En el kiosko
de la estación compró un recuerdo
   :una taza. Tenía pintado un corazón.
Escrito: Te Quiero.

¿Qué hice mal?

Noté una pequeña mariposa
intentando sobrevivir bajo
los músculos de mi abdomen.
Era linda pero me asustó su candidez.

Es por eso que la maté :no quería
de nuevo la música de unas alas
impidiéndome dormir.

¿Qué hice mal?

Ahora me ha nacido un saurio.
Y es tan voraz.
Y me consume los huesos.

Se cree inmortal.

¿Qué será de él cuando yo muera?
¿Dónde buscará alimento?

                    Apenas me hacen
              falta en mi paleta tres colores
              para pintar :uno para su pelo
        otro   para sus ojos de azul Pacífico y
              un blanco roto que refleje
              el tono pálido de su piel.

              La verdad es que me sobran
                todos los demás paisajes
                todos los colores todos.

Hay veces que
    Ella
avenida luminosa
calle comercial festiva y
bochinchera.

A veces líquida que de entre las rendijas
de los dedos se me escapa.
    Incluso ese país
con Pacífico y todo y con todas
sus fallas y sus cien réplicas
diarias que recuerdan
  el seísmo   del   primer   beso.

Planeta rojo si sangre
en los ojos del insomnio.

A veces zoco y mil sabores
en su boca especiada
    otras nube cuando
se me escapa en los orgasmos.

    Ella

a veces avenida amplia de seis carriles
para que fluyan mis versos más ñoños
    a veces
        Ella
callejón oscuro sin salida y
    no se lo digo para que no abuse
así es como más me gusta
    :a merced de su lengua navaja
risa escarnio que me desvalija

y me desnuda.   Callejón oscuro   Ella

   aunque le mienta al decirle
que no pasaría nada
para evitar el fácil asesinato y huida
colgar cerca un pequeño farol.

Hoy no quiso el poema
salir de sus ojos. Y

  no está mal allí
arropado por tanta belleza azul.

Lejos
de las manos del poeta. Salvaje

donde yo no puedo llegar.

        A veces no consigo descifrar
          un grito en Morse :solo

       sé leer   con la lengua   el Braille
          incrustado en su piel.

        Quizás el vuelo en picado
       de los pájaros suicidas también

       sea un idioma extraño para mí.

Abrazar la nostalgia de tu cuerpo caliente.

Aferrarme al recuerdo
de cada pliegue como
último recurso de supervivencia.

Vestirme con la máscara de lunes y
  parecer un tipo normal.

Borrar
  cada huella en tu espalda. Que no quede

  ni rastro
del instante mientras follábamos
de estar construyendo
un imperio   de la nada.

Vencer las ganas   :esconder
la capa roja que me regalas
cada vez que abres las piernas
  para darme el corazón.

No ha de ser por fuerza hogar
la tierra que te alumbró y vio
nacer. Hay veces que
patria   bandera   refugio son palabras
llanas solamente. Más cuando
el pan de ayer estaba ázimo y mal cocido.

Hay lugares a los que arribas y
sientes que es fuente donde aliviar los pies cansados.

Hogar :nido :a veces playa otras
acantilado :pero el paisaje del que
hablo guarda

    los azules donde quiero morir.

El territorio del sueño y el presagio
amable en los días sin sol.

Llegué a mi hogar: Ella
  se recogía el pelo. Deseé
su orografía para echar raíces.

Hoy patria   bandera   refugio   abren
sus manos si duerme a mi lado.

             Vivimos
        en los cuadros de Vettriano
      :dos corazones bailando y esa
        felicidad sin estridencias
          en la que tus ojos
          ponen los colores
          a mis sombras.

Nada explican Zurita los manuales
de belleza :cómo ha de pintarse
el cielo del poema cuando una mujer
dice :te quiero. Pero

si además te regala
una pirueta imposible y un vuelo
 en picado sé que

se escribe un silencio ensordecedor

   :refleja el sol la sangre de los ejecutados
al atardecer en la dictadura
de los azules de chilena y
se tinta el cielo color profecía.

Y en su boca Zurita hay frases que
 me convierten en el último hombre

en la tierra. Ha roto el primer sello

   :ignoro si el cielo tan hermoso trae
la llegada de un ángel o del mismísimo
anticristo. Solo sé que

descubrí por fin el epílogo oculto
en las enciclopedias de la belleza
canónica. Y allí se encuentra Ella

   :con una doblez en la esquina
para no ser olvidada. Con las pequeñas
cicatrices que adornan las cosas
      imprescindibles.

Para qué quiero a veces
de ella su pasado si tengo
la antología concisa
de sus manos en mi pelo. Igual que

jamás tu obra completa   Zurita   :es

imposible comprar los acantilados

    :no se puede
comerciar con el cielo.

                    Nadie que no se haya sentido
                        paralizado por el miedo
                        puede ser un héroe.

PERO LA BELLEZA ES UN INVENTO DE LA ESPADA

Los muertos venían encapsulados en murallas
de escarcha. Aquella primavera desecó el Pacífico
y ninguna mueca recordaba el idioma de la ternura.

Cogimos lascas de hielo para brindar con Borgoña por un mundo
nuevo.]
El frío a deshora mató cada árbol :dejó sal en los surcos de la tierra.
A falta de fruta desmembramos los cuerpos :ya no eran
desaparecidos]
:nos ofrecían su sabor el aroma a cada brindis por un futuro mejor
:olía a pescado rancio.
El dictador cruzó sus manos en la televisión. Él tenía
el Borgoña repleto de naranjas traídas de otros calendarios.

La mentira y la paparrucha deshicieron el hielo. Los huesos
de los desaparecidos calentaron los nuestros al convertirlos en
caldo.]

Nada por lo que brindar :el suelo estaba demasiado duro para
la orgía de la sepultura. Fueron devueltos al mar :les robamos
los nombres cuando su carne maceró nuestras copas de vino.
Supimos que la felicidad era imposible dentro de un vaso de cristal
:pronto te quedarás sin aire   man :sabes del horror de la ceniza.
Eso me contaba Zurita en la rompiente de Sagrada Soledad que
nos esparcía de nuevo su juego de ceniza.

Era mentira   me dijo
un día :los cuerpos yacentes
de Pompeya solo son moldes de yeso.

Y solo sacian su hambre con ceniza.

III PARTE:

Y ERA LA TAIGA INFINITA EN LOS OJOS DE KUROSAWA

Te echaré de menos entre los muertos
que no dejan de llorar
Juan Carlos Mestre

En ese momento no sabía que
mi nombre estaba en la lista
de desaparecidos. Yo
me veía en el espejo   :también
en su reflejo las manos se movían
con la implacable enfermedad
de los Dioses tras la creación de un mundo.

¿Y qué es lo que a esa mujer le hace
ser tan especial   man? preguntó Zurita.
                    También cuando me habla siento que
                    nadie antes se desnudó así para mí.

No te sabes aún desaparecido
porque la reverberación al igual que tú sostiene
con la enfermedad cruel en las manos del inocente a punto de su
                                                    ejecución]
la asombrada calavera del primer hombre extraído de la costilla
                                            de una mujer.]
Y esta vez   el tintinear de la cucharilla
en el café sonó como una llamada
a la soledad de la taiga.

DERSU UZALA VUELVE AL BOSQUE NEVADO PERO YA NO ES FELIZ :LA CAZA ESCASEA :CENA CONGELADO

He de decirte :para que vuelva
la tersura a mi cicatriz

  :por qué ahora
no la acarician sus dedos tan blancos.

He de decirte :si lo que no se nombra no existe lo haré gritando
:AMOR conchetumare
  :veré tu cara y con ácido espiar

 la tristeza diluirse :rompiendo en los cayos de Pisagua donde
escribí su nombre :donde comenzó a temblar Chile.
  Dime Zurita viejo herrumbroso :qué

queda ahora si todos los besos nacen fríos
:si han llegado a mi orilla todos los delfines a ennegrecer su piel.

He de decirte: AMOR
  :retenerte :volver a ser su marioneta
 :desnutrir la ceniza de los cuerpos vacíos de Pompeya y su mentira

 yeso :son moldes rellenos de yeso y
yo me creí que los amantes se solidificaron en el devenir del volcán.

  He de decirte: AMOR :con tu deseo de lava
derretir este hielo. Me poso

 en la capa más fina :allí la caza :allí chilena
tan alejada de mis flechas:

tan palpable la taiga y su frío
tan cercana Pompeya y su ceniza
tan lejos tan todo de su Chile.

EL CAPITÁN ARSÉNIEV EXPLORA LA TAIGA

En busca de topografiar la belleza fui ordenado.
La erosión y el recoveco :la delicadeza de los azules
donde la trivialidad del verso fue plasmada.

Contar el hueco abisal entre las calles donde ya nadie me recuerda
y aquel terremoto en que Chile tembló   :no digas la maldad que
fue solo un beso.

Recorrer el canto estridente de los pájaros
cuando el fuego :antes de la nostalgia callada
que sepultó la ceniza.

Y desviar los planes
al encontrar
fuera de la orografía prometida por Zurita
una belleza aún más desoladora.

Cómo mostrar la debilidad de mis cimientos
en el sustantivo de unos labios   :delinear
la sacudida de 200 latidos en la escala de Ritcher
que multiplicó la palabra beso   :que se hizo
océano de un simple hilo de saliva.

Cómo saberlo   man   :si yo soy un simple soldado lleno de ceniza.

DERSU UZALA TEME A AMBA

De mis manos cancerosas :de mis manos que
olvidaron la silueta de la caricia.
De mis ojos deshabitados   :de mis ojos donde
la lágrima fundó una patria de maleza.
De mi encía saqueada :de mi encía que
incapaz de sostener el hueso moría.

De todo que en mí era ceniza al más liviano de los golpes

hube de cartografiar el temblor   el risco   la rompiente
de su cuerpo desnudo.

Acariciar de la naranja su piel

:despreciar el jugo
aunque sea
aberración en la pobreza.

Recorrer su piel
tan real :eso era

la única felicidad que
me fue permitida.

Con el aliento detrás de un tigre mágico merodeando
por cada línea que tracé con mis uñas en su cuerpo
   :todos los miedos por la fascinación de su paisaje
se hicieron fuertes en la piel de su espalda.

Cómo hablarte de la muerte   man
si tengo agarrado a las botas el rocío
de la alfombra oxidada de las hojas crujiendo
en mi caminar
   :el riesgo de los columpios abandonados
el vertiginoso crecimiento del tallo
la sangre sobrevenida por el juego
en las rodillas de la fugacidad

   :la flor cándida en las manos
de la tristeza   de los besos no dados de los errores cometidos
a cada intento de enderezar las raíces que suavizan el horror
de Chile en mis ojos. Hay tiempo
también para la belleza   man   :aunque
el precipicio de la muerte y
el del amor sean tan semejantes.
Eso me contó Zurita mientras
el Parkinson creaba una hermosa canción de cascabel.

DERSU UZALA DISPARA A UN CIERVO :FALLA POR VEZ PRIMERA

Y un idioma nuevo :nacido de la rabia.
La amenaza de otro flujo piroplástico que vista
de ceniza mis ruinas.
Noches en las que la ausencia es una pastilla que no pasa
    :insomnios de alerta :cada pequeño ruido es el acecho de un
                                     tigre mágico.]

Un canto ancestral frente a un fuego que crepita
como piedras en las bocas de los muertos
—siglo xiii— para que no regresen.
Como piedras ancladas a los pies
de los que no aparecieron nunca
—1973— para que no regresen.
    ¿Cómo ahogar un recuerdo Zurita?
Para que no regrese :para poder conciliar
el sueño :para que no invada
toda la zona abisal de mi cerebro
con sus piedras   sus huesos de óxido
    :cómo Zurita :cómo matar los azules
de aquella a la que en el último
beso colmé de guijarros su boca y
aún caliente en las sábanas
el cerco del placer
no hago otra cosa que echarla tanto de menos.
El fuego y su lamento leyéndome un futuro incierto en mis manos
    :solo se calmará extinguiendo su llanto con ceniza.

DERSU UZALA DEJA ARROZ LEÑA FÓSFOROS

en una cabaña para los que vengan después.
Yo :la inutilidad de mis poemas.
Hago café: echo pimientas molidas
canela   jengibre :para qué necesita
un hombre vivo un rallador me dijo
Zurita una vez

  y gotea toda la tristeza
los fracasos la traición de la servidumbre
como una tortura de la Inquisición.
Azúcar moreno para vivir un día más
  :tanto veneno ya
en una taza
a las nueve de la mañana.

LI TSUNG PEI LLEVA 40 AÑOS EN LA SOLEDAD
DE LA TAIGA

Está pensando en su casa :en su jardín y en las flores.

Fue creada por el poderoso
para tener algo más que arrebatarnos

  :la Belleza: es un invento de la espada.

Nada es
más allá
de los restos en las sábanas.

Del sudor tras nombrarla
    :del recuerdo después
de haber soñado acariciarla.

DERSU UZALA DICE :SI EL PÁJARO CANTA ESCAMPARÁ PRONTO

Me pediste una vez su nombre Zurita.
Es hoy que la tarde es una república de rendición que
escribo violento un valle de flores :ya sin rastro de olor :su nombre.

Bancos de peces
En praderas azules
Aves extrañas

Bandoneones
En el corazón suenan
Acelerados

Bebemos vino
En los días de rosas
Abres ventanas

Biba la bida
Escribo en las paredes
Amor, tu nombre

Busco lugares
En donde no haya huella
Anterior a vos

Basta tu nombre
Escrito en poemas y
Arde mi pecho

Bufón iluso
Espera que la reina
Ame al engendro

Bonito sueño:
Estábamos desnudos
Antes del alba

POR NO ROMPER LA BOTELLA DERSU
DISPARA A LA CUERDA

La belleza es un regalo jamás merecido.

Solo el piadoso tiene derecho
a gozar de las devastadoras
consecuencias que la belleza trae consigo.

Arrepentirse
al cabo de un segundo por acariciar
a una mujer que pareciese
tributo únicamente para los Dioses.

Ha de reconocer indignas sus manos
:pedir perdón por la gracia concedida.
Convivir con la certeza
de que por injusta le será arrebatada. Y

aun así estar dispuesto
a incendiar un paraíso natural
en el intento suicida
de conservar esa belleza
excluyente a todo
lo que no tenga nombre de mujer.

SOL FUEGO AGUA VIENTO SON GENTE
MUY FUERTE :DICE DERSU

i: También nos será robado :construyo unas alas de cera.

ii: Que destruye y purifica :nadie nos avisó de la especulación con
los rastrojos.]

iii: Y las escolleras desmoronadas :siente la piedra nostalgia de la
ola :de su furia.]

iv: Despeinaba mi pelo en el devenir del sexo :una brisa apacible
hoy se lleva el grito.]

v: Pero en los mapas de la tragedia nadie habla del poder de la
ceniza.]

Zurita me mima. Masajea mi cuello
con el temblor involuntario de sus manos.
Besa mi frente con promesa de plácidos sueños.
Deja los muertos para mí   me dice: soy
viejo :ya nada consigue turbarme.

Pero nada aplaca mi saudade   :nada
me sosiega si chilena
se refugia en su caracola de ceniza.
Porque no soporto que el Pacífico
tenga de nuevo sus aguas

   revueltas. El dolor es también
mío cuando los delfines
vienen a ennegrecer su piel. Cuando

los desaparecidos levantan la mano y
recuerdan por fin su nombre.

DERSU UZALA CONOCE LA LENGUA DE LAS HUELLAS

Pero no contábamos
con el remolino ingrato de ceniza
borrando
cada pliegue creado
en el contorsionismo del placer.

Tiene el poeta
la maldición
de olvidar vivir
por contar un trozo de la muerte.

He abierto la ventana
para orear de humo y miedo
la sala de estar   :ha entrado un mosquito.

Tiene el poeta
la maldición
de llenarse de fantasmas
cuando se proponía
el exorcismo. El

vómito de fuego
siempre deja
una capa ingrata de ceniza.

DERSU UZALA PIDE CARTUCHOS AL CAPITÁN ARSÉNIEV

De haberlo sabido   :un ruego
de sexo sucio en la despedida.

Podíamos haber devastado
nuestro último refugio de belleza.

Dar vueltas en círculo sobre tu sexo :profanar
el ano :sementar a traición tu boca.

   Y no esta primavera
con los bloques de hielo rompiéndose
en los que se diluye mi alma de cazador.

Sentirte dulce
   :como mano que arropa a un niño febril.

PERDER EL DINERO DE LA CAZA
POR EMBORRACHARME CON EL RECUERDO
DE LA TERNURA DE LA CARICIA.

El amor es un rostro sin ojos :solo es boca.
Una boca enorme que engulle al otro y con las heces
resultantes construye una catedral que
ávida comulga la boca pero menosprecia la oblea.
Quiere el cuerpo la carne   las vísceras
   :el corazón que es nido
lo reserva para el final.
Y boca se da cuenta que no hay final
que no debe haberlo :que el nido amargo si vacío.
Ay amor por qué haces que aún me tiemblen las piernas y

114

si pinto ojos a tu rostro serán azules y verán
mis manos ensangrentadas de remover el nido.
Una boca de gigante :es el amor boca caníbal
que no respeta la brizna de hierba
　　:que lo quiere todo y arrasa con el otro.

DERSU Y EL CAPITÁN DESCUBREN TRAMPAS

La niebla es el sudor del bosque para sanar
Hay trampas abandonadas por gente :gente mala que
no tapa los agujeros. Hay quienes gustan de matar para nada.
La distancia es una trampa de ceniza :salvamos al ciervo de la
$\qquad$ muerte]
pero es inútil suavizar la herida :aquí en la soledad de la taiga.
De tanto vivirte amor :de tanto vivirte
casi olvido orear las habitaciones que dan al patio interior.

De tanto cuidar el Pacífico abandoné el cauce de mi arroyo. De
$\qquad$ tanto]

auxiliar y despejar de trampas su vuelo
dejé mis alas desaliñadas en el cuartito de la plancha.

Tenías razón viejo Zurita :los cuerpos
sepultados por lava en Pompeya eran simples moldes de yeso. Otra

 mentira :cada te quiero fue una recreación en la boca antigua.

Y Chile hoy se derrumba y yo no soy esta noche
más que lugar tibio en la migración de sus labios.

Pensé Zurita que cada palabra abrazo gesto era
el fuego en la cueva y descubro ahora que
trigo quemado inválido para la siega.

Esta noche viejo amigo todo recuerdo ennegrece mi piel y

 no hay gota de Pacífico que no
se llevara en sus ojos.

Y no encuentro tampoco un trozo de tierra donde hacer sepulcro
con mis huesos faltos de tuétano sin que
parezca la farsa de un amor muerto rellenado con yeso.

Que quise   Zurita   :Chile para mí solo y
molinero imbécil se atraganta hasta con la piedra más chica
de La Rondilla :que era chilena
quien me sostenía y qué hago con tanta crisálida que agoniza en
mi estómago.]

Cómo recomponerse Zurita
si de mi corazón todas las mariposas hoy nacen muertas.
Si no baja la niebla :si hace el día perfecto para el espectáculo de
la herida.]

ESCENA DE LA BALSA :KUROSAWA CANTA
UNA PLEGARIA

Da igual que mansas estén las aguas :siempre hay una cascada
oculta que desbarata nuestros planes de felicidad   :un
                                        desfallecimiento que]
debilita las manos y arrebata la pértiga que nos guiaba y hacía
                                                    avanzar.]

La deriva sin la huella :la encía que no aguanta el colmillo.
Vagar por el poema en busca de la palabra exacta
para definir la jaula sin perder la cordura :decorar
la incertidumbre con un vestido brillante de promesas.

Levantar los brazos con una plegaria al Dios de los peces
y las aves que nada saben de jaula ni de palabras.

Una balsa de madera y carcoma nos enseña nuestra nimiedad

   :pero pedimos al árbol primigenio su ayuda
:una rama a la que agarrarnos y regresar a la orilla
de los abrazos que tanto cuesta recordar.

Veo las fotos de cuando el canto era amable :lloro

y la lágrima crea una vorágine de asfixia.

Dónde el árbol :dónde las fuerzas. Kurosawa filma
la melancolía en un trávelin eterno de cenizas.

Tras el desplome
entre las ruinas
su nombre
construyó
una nueva
civilización.

No me pidas
que no intente
domar
los terremotos.

DERSU PIDE A AMBA QUE SE VAYA

Que no lo quiere matar :fue el miedo quien disparó.

Asustado por romper el equilibrio se vuelve esquivo.
El espíritu de la taiga :Kangá
buscará vengarse por la pantomima del poema :el tigre
tiene suficiente comida y no ataca al hombre.

Escucha :no hay bálsamo en la ceniza.
Escucha :el sacrificio de la piel.
Escucha :el odio que enfría el alimento.
Escucha :el destrozo de cada amanecer.

Pensar que todo ayer era agua
y cubría
el campo de espigas de mi deseo.

   Por qué de nuevo
me ahoga tanta niñez
en un solo dedo.

He despertado Zurita recordando
la tarde que tembló Chile :se resquebrajaron mis cimientos :jamás
                     había sentido]
todos los sabores en mi boca de un país entero. Después

   ella me concedió el deseo :nombrarme Rey Midas de agua. Y
                     primero mis dedos y]
todo agua. Y mi lengua desbocada y todo agua. Y dentro se anegó
                     la noche y]
agua agua agua :el Pacífico embravecido se desbordó pudriendo
                     el colchón.]

Y hoy Zurita   Ella tan lejos y yo varado en esta tierra yerma que
suspira]
por una gota del Pacífico donde cada noche ahogábamos tantos
muertos.]

DERSU SE ARRODILLA FRENTE A LAS HUELLAS
DEL ANIMAL HUÍDO

Esa obsesión por abarcar cada brizna
del jardín de las delicias sin caer en la cuenta que
la levedad de la larva solo alcanza

el destello fugaz de sus pisadas a punto del desastre.

Se me agolpan los muertos danzando con sus máscaras
entre los dedos :no supe jugar a ser
  hombre sin sopesar antes
mi fragilidad de gusano.

Dersu Uzala hundido va a casa del capitán
  :en la ciudad no está permitido disparar a las nubes.
Es un leño seco que no entiende de cárceles.
Mejor la aridez de la taiga a pesar de la ceguera
  :porque debo mostrar la cicatriz en lugar de la herida y su sangre.
Porque]
he de contar el sueño de la larva en vez del vuelo errático de la
mariposa.]

Porque añoro la niñez y su tierna encía quiero
nombrar la palabra mesa y que
pueda apoyar el vaso con el que brindábamos ayer.

Pero a quién voy a engañar: no existe

la magia :pues si nombro la palabra padre no viene mi muerto a
beber]
en la mesa que no existe cuando nombro la palabra mesa.

Y es solo que al nombrar la palabra bestia
me convierto en alimento de la falsa mansedumbre que encierra la
bestia]
cuando me llama como nadie me nombra ya.

De mi soledad solo espero que
no se rinda :que se rebele
a su nombrada condición de amargura.

Quizás deba olvidar su nombre su rostro voz cada gesto
:sobre todo su desnudez. Sedar al rinoceronte y
extraer el cuerno donde reside la memoria.

Inventar fronteras en los mapas :robar el pasaporte.

Engañarme con mecanismos de defensa para
 evitar el gris del cielo que añora continuo el vuelo
de las aves migratorias. Aquellas que
 embellecieron mi alma derruida :aquellas que
trajeron un azul intenso desconocido en la paleta de los hombres.

Escribir en contra del agua :en contra del plástico que anega sus
                                                            fondos.]
Escribir en contra del agua embotellada del agua del grifo del agua
                                                       en los bares.]
Escribir en contra de los peces que no pueden aguantar la
                                                        respiración]
sin gritar su nombre.

Escribir en realidad en contra de mis abismos manoseados.
Escribir en contra de los azules para que mis hermanas se burlen
                                                            de mí.]
Escribir en contra de Zurita :de sus muertos a la intemperie.

Escribir para sacudirme el miedo a la soledad y a la ceniza.
Escribir contra la muerte   los semáforos en ámbar y los
                                                     madrugones.]

Escribir en contra del agua y a favor de la arena.
Escribir en contra del agua porque odio la transparencia.

Escribir un último verso para el cadáver de Dersu en la nieve.

Inculco a mis manos
el silencio aprendido
en las horas muertas
de la niñez.

De nada vale
el alfabeto
cuando lejano
su cuerpo.

Elijo
la sangre
como otra forma
de belleza.

EL CAPITÁN ARSÉNIEV VISITA LA TUMBA
DE DERSU UZALA

Papá :soy yo el muerto en el pasillo.
Papá :es mi pecho el que agota el brazo de mamá.
  Es mi corazón el que se ha hecho mierda.
Papá :mío el deslave que cubre de ceniza tu suelo :profanar
la casa de la infancia es el mayor gesto de amor.

Despierta :estás vivo :solo has perdido un hijo.
Para eso corrompo la poesía :trae unas flores a mi tumba.
  La taiga es un páramo congelado ahora
pero no llores papá :pronto la primavera. En la memoria quedará
    no el efímero muñeco de nieve sino el barro sucio en que se
                                  convirtió. Las huellas]
    :las ramas descuajaringadas en el suelo :las piedras que perdieron
                                  su alma de botón.]
Solo los despojos :las entrañas donde ahora reposa un tigre mágico
    :la sensación mientras modelabas al hijo que eso tampoco
iba a durar una eternidad.

Papá :soy yo el muerto en el pasillo.
Papá :ha salido al fin el azulejo que guardaba en mi pecho :el que
                                  agota el brazo de mamá.]
  Es mi corazón el Vesubio :joder te he puesto todo perdido de
                                  ceniza.]
Papá :no cojas el teléfono :es alguien que te dirá que me estoy
                                  yendo]

  a la soledad de la taiga :y no sé de huellas :aún tú no has muerto.

Papá :tranquilo :se me ha llenado el alma de pájaros.
  :ha venido la primavera del ternero. El río de agua clara

zozobra por el vuelo bajo de los aviones del terror.
La muerte es dulce si en sueños me acarician las manos de mamá.

Se me ha llenado el alma de pájaros. En su idioma de trino en
picado]
escucho su aleteo :mi presente de ceniza :la risa de todos los
niños
que maté al bajar los brazos y me dicen :no pasa nada
la poesía tiene la venda que tapa el daño
  :el daño que ella misma causa.

Papá :soy yo el muerto en el pasillo.
Papá :pinta un retrato de tu hijo muerto :cuéntame como yo lo
haría :tan solo necesitas blanco para
la nieve :gris para la ceniza. No todo el mundo sabe sangrar
como aconseja el artículo cuatro de la Poesía Experimental en
tres tomos de Nicanor Parra. La mayoría se guarda la pena e
inventa plegarias a las nubes de paso a ver si hay suerte y se
trenzan en ellas y se van :ignorando que así se alquitrana la sangre
:se hace lodo en el alma. El dolor nos hace fuertes :por eso los
poetas buscamos la cuchilla el hierro oxidado el nombre de los
desaparecidos. De eso sé algo papá. El daño nos hace fuertes
:con pétalos de rosas manchando la camisa :es imposible sacarlo
del todo pero la poesía es costra :nada puedes hacer contra las
defensas del olvido. Buscamos la cornisa a punto del derrumbe
:el carro sin frenos la palabra nunca dicha en alto. De tanto dolor
y la solidez que sobreviene algunos pensábamos que seríamos
inmortales. Y cada día un poeta es embalsamado para deleite
de los que no supieron sangrar. Píntame papá :un lienzo con la
soledad de la taiga :la ceniza
del verso inservible :la tragedia de la muerte de un hijo.
Papá :soy yo el muerto en el pasillo.
Papá :el hijo viene a tus aguas a ennegrecer la piel.

Papá :estás vivo porque Dios es una tarea interminable.

Papá :no llores :solo soy un hijo :solo un muerto más. Recuerda
que me contaste
una vez que a los de la unidad de quemados no les consuela si les
dices]
que tardan más en cicatrizar las heridas del alma.
Para todo el mundo nuestro daño es el más grave.
En la unidad de quemados no vale ese consuelo. Saben

además que es falso :las quemaduras tienen ciertamente
un periodo largo y doloroso de regeneración.

Pero el alma sutura fácil :solo hay que dar un par de pasos
con esa canción que sobrio juraste jamás bailar.

Papá :haré una última promesa como aquel que esperaba la soga
:seré ceniza para el amor roto :sombra para el amor renacido.

Papá :seré yo el capricho de los coleccionistas de belleza muerta.
Papá :soy yo el muerto en el pasillo.
 Pagaré con tiempo perdido el jornal del enterrador :crecerá una
semilla]
en mi molde de yeso :crecerá un país donde el suelo
se abría cada amanecer.

El árbol sabrá del miedo. Pero no aprenderá a temer el hacha.

Papá :hay un cuenco de leche esparcido por el piso y unas huellas
imborrables en mi pecho.
Papá :hay un corazón desmadejado. Nada hay más devastador
que la ternura.
Papá :la palabra es una ciudad sumergida :apenas escucho

el cascabel de tu presencia.

Papá :la muerte es un anuncio de teletienda :Dios es un dictador
que vende cuchillos.]

Papá :debí aprender a guardar algo de carne :unas pocas bayas
para la aridez del invierno.]

Pero estaba ocupado en que no te murieras :se me empieza a
pudrir el brazo.]

Papá :soy yo el muerto en el pasillo :es cruel la distancia a pasos
de muerto.]

Papá :pronto vendrán los de la funeraria a por mi cuerpo. Baja

corriendo a la calle :no quiero que me vea así Marta.

Papá :esto es peor que una resaca :llora bajito que me duele la
cabeza. El corazón no.]

Eso me intriga :preguntaré a los gusanos.

Papá :ya soy ceniza pero guardo momificado el cadáver del primer
beso :el que]

hizo temblar un país. Dáselo a la guardiana de este país de sed.

Despierta :por favor despierta y abrí los ojos mientras mamá
me apartaba las legañas con el índice enguantado en terciopelo
granate. Me dijo :corre :corre o jamás llegarás a la última
inyección de adrenalina. Surcó en el parqué una silueta dentro
de una espiral con la tinta que sangraba de su ombligo :corre
:corre como si tuvieses siete años y fueses de un lado a otro de este
pasillo con una pelota forjada con calcetines creyéndote el Pato
Yañez :cierra los ojos y no mires atrás :sé el zahorí que jamás supo
encontrar un pozo.

Me salté los semáforos y un policía me abrió camino entre las
cenizas :saludaba con las encías bañadas de polvo animando a
cruzar en rojo al ejército de gigantes que no tenían zapatos.

Me hizo un saludo marcial :empujó mi coche sin batería. Luego se dio la vuelta y ayudó a subir a tres niñas a una motocicleta con cuatro vendedores de sueños rotos.

Llegué tarde :a cien años luz tarde de tus suelas y allí no había yerba en las grietas :el adivino erró cada paso impuesto por el péndulo e incluso me contaba que la lava se volatilizaba al pasar por debajo del arco iris. El paisaje yermo olía a pan de arroz y los muertos antiguos salieron a acompañarnos a los muertos nuevos :pero no tirando de los pies sino acariciándonos el hombro. Se quitaron la cabeza y noté que roscaban al lado contrario y con las narices congestionadas por el drama silbaron el *Hallelujah* y comencé a llorar y les besé uno a uno y les puse nombre y toda cabeza coroné con laureles secos :les enseñé los periódicos con mi nombre en las esquelas :era una diferencia que a nadie iba a importar :un error tipográfico que molestaba a la hierba que no tenía ya raíces para acoger sus trizas. Luego un hombre que llevaba un rayo cincelado en sus mejillas les señaló con el índice cubierto por unos guantes de color granate un gran agujero y dijo :saltad :saltaron y allí estaba el fuego :el preludio de mi ceniza :en ceniza también los nombres impresos que ya nada importaban en aquel festival de la lágrima donde sonaba *Hallelujah*

:en la voz de Rufus Wainwrigth.

Papá :estoy junto a una mujer que murió en el parto :solo deja la
lágrima si me llama hijo.]
Papá :van a concebirme de nuevo :eso me han dicho :seré una
huella sucia en tu nieve.]
Papá :al final no maté a Amba.
Papá :soy yo el muerto en el pasillo :cansando el brazo de mamá.
Vomito ceniza.

Papá :está sensación de sueño perenne de hojas en la taiga.

Papá :la muerte huele a lejía o desinfectante diluido en agua del
                                        mar Muerto. Añoro]

el olor a miedo de mamá :el sudor que agrio supuraba en la
                                        desesperación.]
Olía parecido el tipo que cerró el columbario con cemento :aunque
                                    era un olor más sereno.]
Quizá la muerte tenga el mismo aroma sin importar el punto del
                                    mapa.]

No.
No es cierto :los muertos en las guerras me dicen que siguen
                                  ahogados en pólvora]
  :los muertos de hambre tienen el hedor de la encía putrefacta y
                                    la mosca.]
Será el perfume de la ceniza que ciega mi hipotálamo.

Los días de viento me disperso y me meto en los ojos de los
                                    enterrados.]

Papá :soy la baba y la espuma en las manos de mamá :un mito que
derrumba su leyenda al ritmo del *Stayin Alive*.
Un ratón se ha comido a una boa :la mayoría vemos un sombrero.
En los arrabales de la muerte también el semen está caduco :cada
                                  tanto hay]
una orgía de ceniza y cuerpos desmembrados :los días de viento
                                me disperso y]
me meto dentro del culo de una estrella de cine.

En nada comienza mi turno :fabricamos Dioses y Héroes en
cadena. Hay gran demanda.
Me negué a trabajar en la línea de policías y militares :dos días sin
                                  alitas de pollo.]

Permiten el incesto :no les queda otra.
He recorrido el infinito abrazado al maullido de un gato.

Papá :pinta con la ceniza unos crisantemos en mi urna.
Papá :camino errante y descalzo en la selva de lava :qué importa

si una Beatriz intercede con su boca en mi infierno.
Si solo su nombre alivia el purgatorio de ceniza :si su perfume me
encauza]
al paraíso donde la taiga rebrota florecida con los crisantemos
   Papá :no llores sobre la acuarela que se diluyen las voces de los
muertos.]

Kurosawa guiña un ojo al filmar la belleza de la taiga :todos sus
colores renacidos tras el deshielo :naranjas y marrones que nada
saben de la soledad del cazador.
Papá :yo soy el ojo guiñado de Kurosawa :no sé cómo contarte. La
muerte es un invierno constante :sin treguas para el auxilio de tu
orfandad :la amabilidad de una taza de chocolate caliente es un
invento del diablo :los ángeles se desnucan buscando el placer de
su sexo infructuoso :estériles eyaculan un manto de ceniza.
Después se esconden en las crines de los caballos sin domesticar
:su levedad impide la huella. Papá :soy el ojo que guiña Kurosawa
cuando rueda la escena de la tormenta de polvo que arrasa con
todo. Mi corazón hecho mierda :su complejo de ceniza.

Papá :no sé
Papa :no sé
Papá :no sé
Papa :no sé
Papá :no sé
Papa :no sé
Papá :no sé

Papa :no sé
Papá :no sé
Papa :no sé
Papá :no sé
Papa :no sé

por qué si cada palabra tuya traía una semilla y tu amor era mito de lluvia :nada :nada germina en la muerte :el crepúsculo es una confitería especializada en ceniza.
Papá :todos los reyes yacen bocabajo. Me afeito en los espejos rotos y escribo un tajo

de lepra en las caras de otros :la cicatriz es un zarpazo a la página en blanco. La estética en la muerte la marca el gusano. La carcajada :el sarro. Los insomnes también quieren que se cumplan sus sueños. Estoy dilapidando todas las larvas en las casas de apuestas. Mi cólera y el murmullo hacen cola dados de la mano. Himnos :puertas :cofradías de plañideras pagadas con una cruz de ceniza.

Papá :soy yo el muerto en el pasillo. Del molde de yeso nacen grumos de espanto.
La casa huele al cocido de los viernes.

Algo está mal. Papá :han grabado en mi urna tu nombre.

Mirad :he escrito sangre y un olor a óxido invade mis dedos.
Ha explotado la mermelada de moras en la cocina :no
recordaba tan oscuro su color.

Porque no sangro una vez al mes como debiera
    herida es una palabra vulgar.

Hay :la cola para el pan
el nido con polluelos hambrientos :la madre
se prostituye en la escollera donde rompen las ganas.
Están también los labios cuarteados :la ausencia que
duele tanto como para llenar con ella el Estadio Azteca.

    Hay un hijo que llena la boca con palabras inexactas
:el sendero absurdo que acontece con la quietud de la araña.

Está la baba y está el culo :pronto la tela.

Escribo sangre y macarrones con tamate para la niña. Están los
                                        barrotes y]
enfrente el edificio del inem. Hay una escalera y una soga.

Escribo sangre como quien pide rescate.
Escribo Chile como si supiese de patrias.
Escribo padre pero queda fijada la urna y la ceniza.
Escribo azules y se duermen los brazos de mi madre.

    Mirad, he escrito sangre
y hay claveles pudriéndose en agua sucia.

He escrito hija y un pecho le crece con el pequeño
pezón floreciendo :pronto la sangre.

Escribo hermanas y no evito el frío de la pantalla.
Escribo beso y no tiembla un país.

Escribo falla y escribo miedo. Escribo te necesito. Y
ahora por fin sí   :llega la sangre.

Qué puede hacer un hombre
incapaz de calmar con su baño el océano.

Qué puede hacer sino
alimentar con los peces muertos
a los que aún permanecen vivos.

Qué puede hacer ante
tu devastador silencio.

?
?
?

Zurita no viene.
Zurita ausencia.
Zurita no dicta
    palabras de amor. Entonces
escarbo a tientas
su rostro de chilena desorientada y

        de mis manos ásperas
        crecen tulipanes que
            decoran los silencios
            en la boca de Zurita.

Vengo de perder tres guerras
por imitar el melancólico canto
del pájaro enjaulado. Y veo

que nada aprendí :he decidido
abrir las ventanas y orear
 todas mis tristezas.

Pero sé que se quedan pequeños
los acantilados de Iquique y Pisagua
para todos los cantos que Ella

   merece. He abierto las jaulas

y todas las aves dibujan su nombre
en el cielo.

Sus azules son gente más poderosa que
sol fuego agua viento   :saben
cómo vencer a la dictadura de la ceniza.

Porque naciste del agua
así el color de tus ojos.

Y supe que los cuerpos calcinados
conservan su sonrisa en la ceniza.
Raúl Quinto

A la memoria de Martín, mi padre, por hablarme cada día
y no dejarse encerrar en una urna.

A la memoria de mis amigos poetas Rodrigo Córdoba,
David González y Pedro Andreu.

A la memoria, qué estupidez, si ellos son inmortales.

ÍNDICE

Entró en el bar. Removía la cucharilla   11

I PARTE: Y ERA TU INFANCIA ROMPIÉNDOSE

1 En las noches límpidas y gelatinosas   15

2 Ningún folleto turístico recoge   16

3 Sus calles que son útero :el primer olor que   17

4 Estas calles   18

5 Y no se saciarán   19

6 Idealizar   20

7 Fortificadas por iglesias   21

8 La estridencia en estas calles   22

9 Y era   23

10 Después del espectáculo de fuego   24

ENTONCES MI PADRE UN BARRIO DE CENIZA   25

BOQUEABA UN ABSURDO DE LAVA   26

Dicen que   27

Apenas nada que hacer excepto   28

La náusea amarga   29

Una plaga   30

En todas las salas de espera de hospital   31

Relleno un boleto   32

Porque tu adiós así que pareció huida   33

No lo llevó escondido   35

Intento sacudirme   36

Los viernes como en casa Rosa   37

Acaba de visitarme :nos abrazábamos y   39

Cómo sofocar un incendio si   40

Dolor era   una palabra extraña   41

Morderte la mano   42

Era mentira   me dijo   44

AMANECE EN POMPEYA :CAE LA NOCHE EN TU CHILE I   45

AMANECE EN POMPEYA :CAE LA NOCHE EN TU CHILE II   46

AMANECE EN POMPEYA :CAE LA NOCHE EN TU CHILE III   47

AMANECE EN POMPEYA :CAE LA NOCHE EN TU CHILE IV   48

AMANECE EN POMPEYA :CAE LA NOCHE EN TU CHILE V   49

AMANECE EN POMPEYA :CAE LA NOCHE EN TU CHILE VI   50

AMANECE EN POMPEYA :CAE LA NOCHE EN TU CHILE VII   51

AMANECE EN POMPEYA :CAE LA NOCHE EN TU CHILE VIII   52

AMANECE EN POMPEYA :CAE LA NOCHE EN TU CHILE IX   53

AMANECE EN POMPEYA :CAE LA NOCHE EN TU CHILE X   54

Entonces me dijo Zurita :raro es   56

II PARTE: ANATOMÍA DE UN CRÁNEO

Tembló un país. Se agrietaban   59

Entró en el bar. Removía la cucharilla   61

Vi una luz —creí que   62

Imaginarla   63

El mundo se resquebraja   64

Se cree que soy   65

Quisiera amarte de otra manera   66

No tenéis   67

Esta mañana volvió Zurita al café. Andrajoso rasguñado   68

Del sexo esterilizado,   69

Jamás probé la palta   70

¿Me dirás su nombre   lo gritarás?   71

Pero Zurita por qué ese   72

¿Qué mierda es esta   man?   74

Roto   75

El hombre   me dice Zurita   76

Daría   77

Ayudo a Zurita a recoger   78

Mi dios es una bisagra de óxido.   79

Porque no quiero crear nada   80

Guardo mi niñez   81

Intento escribir poemas sobre la piel rugosa de un rinoceronte   82

Un río   83

Nadie me avisó que tras sus ojos   84

Este frío de tuétano y   85

Pegas con el Pacífico de tu sexo   86

Hoy volvió Zurita. Había pasado   87

¿Qué hice mal?   88

Hay veces que   89

Hoy no quiso el poema   91

Abrazar la nostalgia de tu cuerpo caliente.   92

No ha de ser por fuerza hogar   93

Nada explican Zurita los manuales   94

Para qué quiero a veces   97

PERO LA BELLEZA ES UN INVENTO DE LA ESPADA   96

III PARTE: Y ERA LA TAIGA INFINITA EN LOS OJOS DE KUROSAWA

En ese momento no sabía que   99

DERSU UZALA VUELVE AL BOSQUE NEVADO PERO YA NO ES
FELIZ :LA CAZA ESCASEA :CENA CONGELADO   100

EL CAPITÁN ARSÉNIEV EXPLORA LA TAIGA   102

DERSU UZALA TEME A AMBA   103

Cómo hablarte de la muerte   man   104

DERSU UZALA DISPARA A UN CIERVO :FALLA POR VEZ
PRIMERA   105

DERSU UZALA DEJA ARROZ LEÑA FÓSFOROS   106

LI TSUNG PEI LLEVA 40 AÑOS EN LA SOLEDAD DE LA TAIGA 107

DERSU UZALA DICE :SI EL PÁJARO CANTA ESCAMPARÁ
PRONTO   108

POR NO ROMPER LA BOTELLA DERSU DISPARA A LA

CUERDA   110

SOL FUEGO AGUA VIENTO SON GENTE MUY FUERTE :DICE
DERSU   111

Zurita me mima. Masajea mi cuello   112

DERSU UZALA CONOCE LA LENGUA DE LAS HUELLAS   113

DERSU UZALA PIDE CARTUCHOS AL CAPITÁN ARSÉNIEV   114

DERSU Y EL CAPITÁN DESCUBREN TRAMPAS   116

ESCENA DE LA BALSA :KUROSAWA CANTA UNA PLEGARIA   118

Tras el desplome   119

DERSU PIDE A AMBA QUE SE VAYA   120

DERSU SE ARRODILLA FRENTE A LAS HUELLAS DEL ANIMAL
HUÍDO   122

De mi soledad solo espero que   124

Inculco a mis manos   126

Elijo   127

EL CAPITÁN ARSÉNIEV VISITA LA TUMBA DE DERSU UZALA   128

Mirad :he escrito sangre y un olor a óxido invade mis dedos.   136

Qué puede hacer un hombre   138

Zurita no viene.   139

Vengo de perder tres guerras   140

*Este libro vio la luz
el 14 de febrero de
2024, para honrar
al poeta y a su musa.
50 años, tres meses
y tres días después
del golpe de
estado en
Chile.
Y es que
vida y muerte,
amor y odio,
son caras
de una
misma
moneda.*